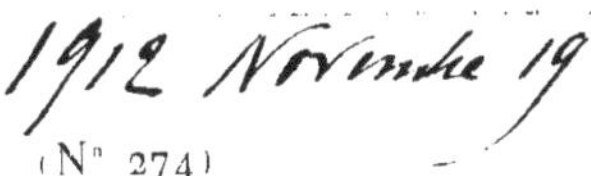

(N° 274)

Vente du Mardi 19 Novembre 1912

HOTEL DROUOT — SALLE N° 10

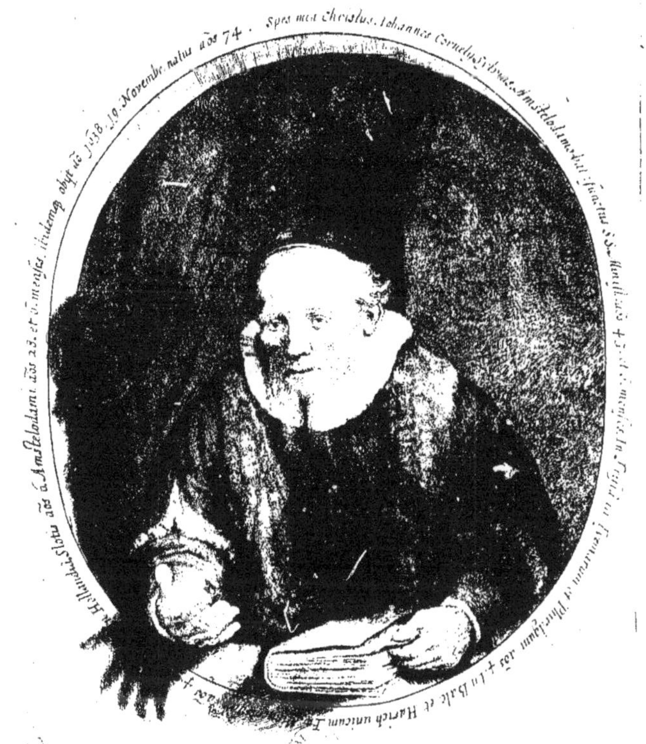

N° 102 du Catalogue.

ESTAMPES

ANCIENNES & MODERNES

M° ANDRÉ DESVOUGES. M. LOYS DELTEIL

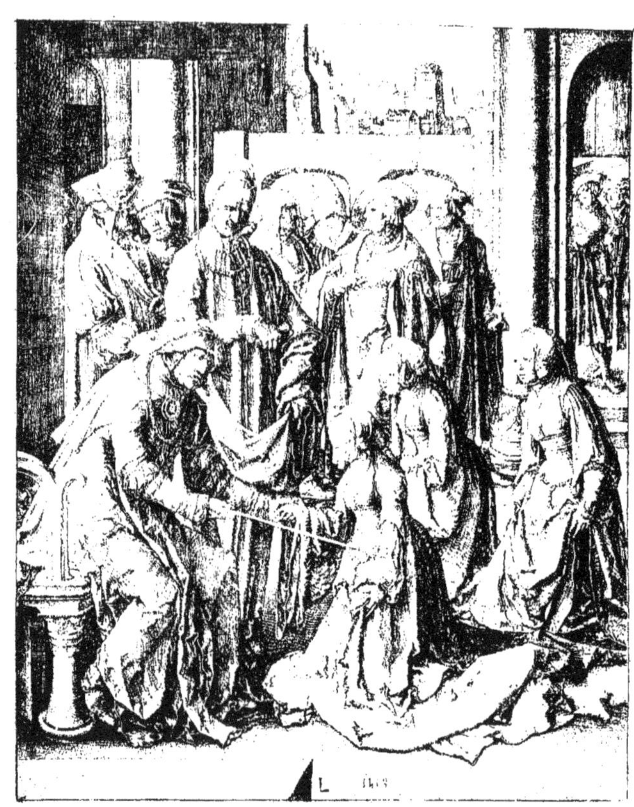

N° 77 du Catalogue.

CATALOGUE

DES

ESTAMPES

ANCIENNES

&

MODERNES

ŒUVRES

DE

BLOOTELING, CALLOT, DAUMIER, DURER,
EDELINCK, LUCAS DE LEYDE,
R. NANTEUIL, RAIMONDI, REMBRANDT,
ROBETTA, SUYDERHOEF, WHISTLER
etc.

Dont la vente aura lieu

à Paris, HOTEL DROUOT, Salle N° 10

Le Mardi 19 Novembre 1912

à 2 heures précises

Par le Ministère de Mᵉ ANDRÉ DESVOUGES,

COMMISSAIRE-PRISEUR

26, Rue de la Grange-Batelière

Assisté de M. LOYS DELTEIL, Graveur et Expert

2, Rue des Beaux-Arts

CONDITIONS DE LA VENTE

Elle sera faite au comptant.

Les adjudicataires paieront *dix pour cent* en sus des enchères.

M. Loys Delteil remplira les commissions que voudront bien lui confier les amateurs ne pouvant y assister.

MM. les Amateurs pourront visiter la collection, 2, *rue des Beaux-Arts*, du Lundi 11 au Samedi 16 Novembre 1912, de 2 heures à 5 heures.

Le Peintre-Graveur Illustré

(XIXe & XXe SIÈCLES)

par LOYS DELTEIL

OUVRAGE HONORÉ D'UNE SOUSCRIPTION DU MINISTÈRE DE L'INSTRUCTION PUBLIQUE ET DES BEAUX-ARTS

TOME Ier — MILLET, ROUSSEAU, etc. . . . . . **Épuisé.**

TOME II — CH. MERYON . . . . **25** fr. et **20** fr.

TOME III — INGRES — EUG. DELACROIX

45 Exemplaires de luxe (*presque épuisés*). . . . . **50** francs
300 — . . . . **25** —
100 — (sans l'eau-forte de Delacroix) . . . . . . **20** —

TOME IV — ANDERS ZORN. . . . . **Épuisé.**

TOME V — COROT

50 Exemplaires de luxe (*presque épuisés*). . . . . **70** francs
350 — (avec eau-forte). . . . . **25** —
100 — (sans l'eau-forte) . . . . **20** —

TOME VI — RUDE, BARYE, CARPEAUX, RODIN

40 Exemplaires de luxe. . . . . **40** francs
350 — — . . . . **16** —

TOME VII — PAUL HUET

40 Exemplaires sur japon. . . . . **50** francs
300 — (avec l'eau-forte) . . . . **20** —
100 — (sans l'eau-forte) . . . . **15** —

POUR PARAITRE LE 25 JANVIER 1913

EN SOUSCRIPTION

TOME VIII consacré à EUGÈNE CARRIÈRE

50 Exemplaires sur japon. . . . . **50** francs
300 — (avec lithographie originale). . . . . **20** —
100 — (sans la lithographie) . . . . **12** —

A l'apparition de l'ouvrage, les exemplaires seront portés à **60. 25** et **16** francs.

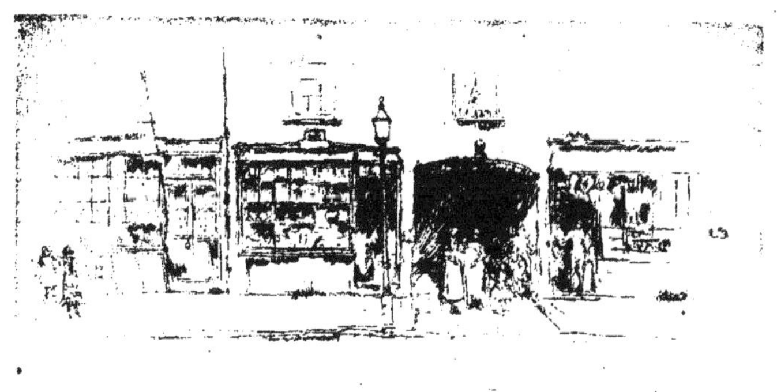

N° 197 du Catalogue.

DÉSIGNATION

ALDEGRAVER (H.). — PENCZ (G.)

1. Bethsabée (37) — Arthémise (83). Deux pièces. Belles épreuves.

ALTDORFER (Alb.)

1 *bis*. L'Histoire de la Chûte de l'homme et de sa rédemption (B. 1-40). Suite complète de 40 pièces. Belles épreuves.

BEISSON (Etienne)

2. Paisiello, d'après Mme Vigée Le Brun. Belle épreuve.

BERGHEM (Nicolas)

3. Sujets d'Animaux (en largeur) (D. 13-16). Suite de quatre pièces. Très belles épreuves.

BLOOTELING (Abr.)

4. Michiel Adriaensz Ruyter. Superbe épreuve, de la coll. R. Dumesnil.

5. Frans Mieris, d'après lui-même. Très belle épreuve.

6. Pieter Florisz, vice-admiral van Holland. Très belle épreuve.

BOCHOLT (Franz von) ?

7. Jésus au Jardin des Oliviers. Epreuve manquant de conservation.

BONASONE (Julio)

8. Le Lever du Soleil (B. 99). Belle épreuve. (doublée.)

BON GENRE (le)

9. Le Bon Genre : pl. 12 (La Main Chaude) — 14 (les quatre Coins) — 15 (le Colin-Maillard), 25, 30, 33, 43, 48, 57, 82, 83, 87 et 115, soit treize pièces. Belles épreuves, *coloriées.*

BOUCHER (François)

10. Le Blanchisseuse (P. de B. 14). Très belle épreuve.

BRACQUEMOND (Félix)

11. Le Lapin de garenne. Très belle épreuve à *l'état d'eau forte, signée.*

BRY (J. Th. de)

12. Les Danseurs. Belle épreuve.

CALLOT (Jacques)

13. Le Passage de la Mer Rouge (M. 1). Belle épreuve du 1er état.

14. Le Massacre des Innocents (5-6). Deux pièces. Très belles épreuves du 1er état.

15. La Passion de Notre Seigneur ou la Grande Passion (12-18). Suite complète de 7 pl. Très belles épreuves du 1er état (2 sans marges).

16. Le Nouveau Testament (37-47). Suite complète de 11 pl. Très belles épreuves du 1er état.

17. Le Christ en Croix (49). Très belle épreuve.

18. Le Sauveur, la Vierge et les Apôtres (104-119). Suite de 16 pl. (manque la pl. n° 118), soit quinze pièces. Très belles épreuves du 1er état.

19. Les grandes Misères de la Guerre (564-581). Suite complète de 18 pl. Très belles épreuves de 2e état. *avant* le nom de Callot.

20. La Noblesse (673-684). Suite complète de 12 pl. Très belles épreuves du 1er état.

21. Les Gueux (685-709). Suite complète de 25 pl. Très belles épreuves du 1er état.

CANALETTO (Ant.)

22. La Maison au péristyle (A. de V. 15) — Le Char passant sur un pont (31). Deux pièces. Très belles épreuves.

CHARDIN (d'après J. B. S.)

23. La Maitresse d'Ecole, par Lépicié (34). Belle épreuve *avec* la date.

DAUMIER (Honoré)

24. Portraits en pieds de la Caricature (H. et L. D. 8, 14, 46, 49, 68, 82, 97, 98, 103, 105, 138, 153, 157, 161, 166, 172 et 191). Suite de 18 pièces (incomplète d'une pl. (n° 5), soit dix-sept pièces. Très belles épreuves sur chine (légères piqures).

25. Juges des Accusés d'Avril : 2 planches triples (de Sémonville, Thiers, Rœderer) — (Girod de l'Ain, Rousseau, Verhuel). Très belles épreuves.

26. Cortège du commandant Général des Apothicaires... (256). Très belle épreuve, *coloriée.*

27. Ah ! tu veux te frotter à la presse !! (259). Superbe épreuve sur chine.

28. Primo saignare (260). Très belle épreuve, *coloriée.*

29. Mlle Etienne Joconde... Constitutionnel (263). Superbe épreuve sur chine.

30. Gros Cupide, va ! (266). Superbe épreuve du 1er état, sur chine.

31. Repos de la France (269). Superbe épreuve sur chine.

32. Celui-là, on peut le mettre en liberté ! (270). Superbe épreuve sur chine.

33. Baissez le rideau, la farce est jouée (271). Superbe épreuve sur chine.

34. Un Rentier des bons royaux — Un rentier des Cortès (272). Superbe épreuve sur chine.

34 *bis*. Bohémiens de Paris, pl. 15 (405). Belle et rare épreuve avec : *Psit !!!*

35. Locataires et Propriétaires, 1ère série (2010-2041) Suite de 32 pl. (manque les pl. 4, 30 et 31), soit vingt-neuf pièces. Très belles épreuves en cahier.

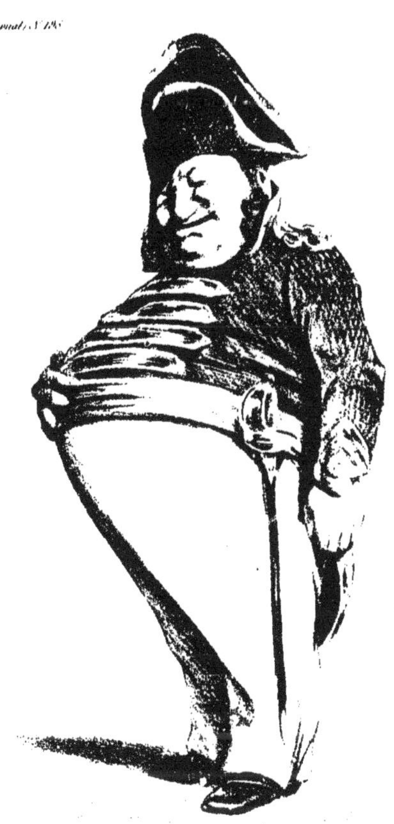

Gros Cupide ou

N° 20 du Catalogue.

DREVET (Claude)

36. Calvairac (P.), d'apr. A. Le Prieur (D. 8). Très belle épreuve.

DURER (Albrecht)

37. Ste Anne et la jeune Vierge (29). Belle épreuve.

38. La Vierge à la couronne d'étoiles et au sceptre (32). Belle épreuve.

39. La Vierge assise, embrassant l'Enfant Jésus (35). Belle épreuve.

40. La Vierge donnant le sein à l'Enfant Jésus (36). Belle épreuve.

41. La Vierge couronnée par un Ange (37). Très belle épreuve.

42. La Vierge au Singe (42). Très belle épreuve (manque de conservation).

43. St Sébastien attaché à un arbre (55). Bonne épreuve.

44. L'Enlèvement d'Amymone (71). Très belle épreuve.

45. Le Groupe de quatre Femmes nues (75). Superbe épreuve.

46. Le Paysan et sa Femme (83). Belle épreuve.

47. Le grand Cheval (97). Belle épreuve.

48. Les Armoiries au Coq (100). Belle épreuve manquant un peu de fraîcheur.

49. Erasme de Rotterdam (107). Très belle épreuve.

50. La petite Passion (16-52 des Bois), 27 planches (sur 37). Très belles épreuves, *avec* texte au verso (doublées).

51. Les Elus et les Saints bénissant Dieu (67). Belle épreuve *avec* le texte au verso.

52. La Vie de la Vierge (77, 81, 83, 84, 85, 87, 92). Sept pl. Belles épreuves. On y a joint la copie du n° 82, soit 8 pièces.

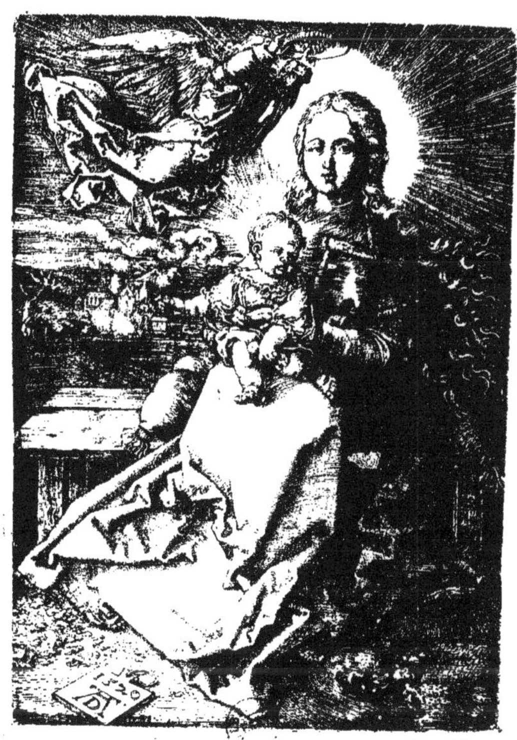

N° 41 du Catalogue.

53. St Antoine et Paul l'Hermite (et non St Elie) (107). Belle épreuve.

DYCK (Ant. Van)

54. Erasme (D. 4). Très belle épreuve (légèrement piquée).

55. Suttermans (J.) (12). Rare épreuve *avec la faute* et les lettres G. H. (doublée, petites cassures dans le fond).

56. La même estampe. Très belle épreuve.

EDELINCK (G.)

57. Bossuet, d'apr. H. Rigaud (156). Très belle épreuve du 1er état.

58. Dilgerus (Nathanael) (185). Superbe épreuve. Rare.

59. La Fontaine (J. de), d'apr. H. Rigaud (230). Superbe épreuve, *avec* les armes.

FORAIN (J. L.)

60. Les Deux Gommeux (M. G. 3). Belle épreuve. Rare (petite tache).

FORTUNY (Mariano)

61. La Victoire (H. B. 3). Deux très belles épreuves, dont une du 1er état, *avant* de nombreux travaux.

GELLÉE, dit le Lorrain (Claude)

62. La Danse au bord de l'eau (R. D. 6). Très belle épreuve de la coll. Kalle.

63. Le Naufrage (7). Belle épreuve.

64. Le Chevrier (10). Belle épreuve.

65. Enlèvement d'Europe (22). Très belle épreuve.

GHEYN (Jacob de)

66. Officiers et Soldats d'Infanterie, d'apr. H. Goltzius. Huit pièces. Belles épreuves.

GOLTZIUS (H.)

66 *bis*. Le Christ mort sur les genoux de la Vierge (B. 41). Très belle épreuve.

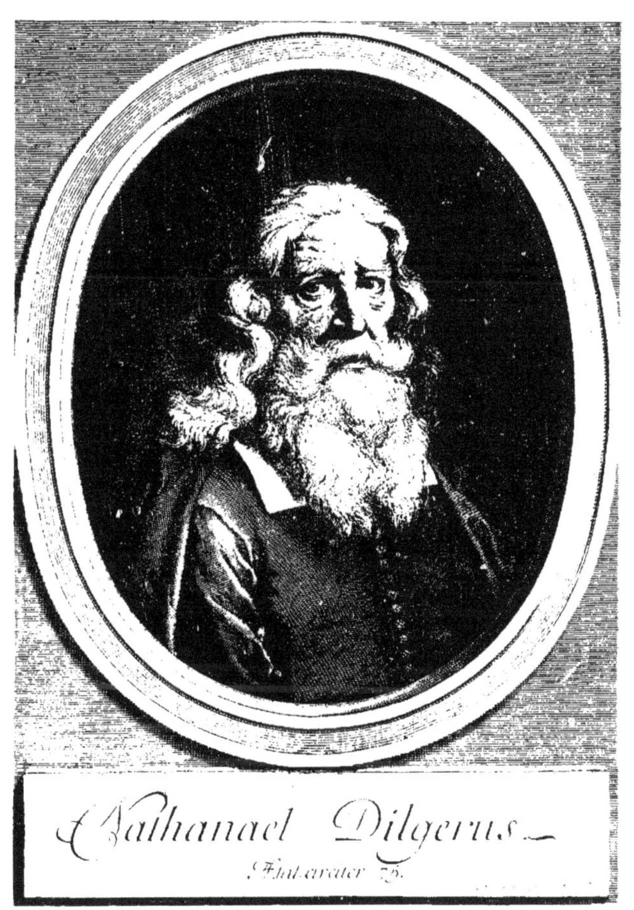

N° 58 du Catalogue.

GOUDT (Henri, comte de)

67. Cérès cherchant sa Fille, d'apr. A. Elzheimer. Superbe épreuve.

HELLEU (Paul)

68. Femme au corsage écossais, assise. Superbe épreuve, *signée*.

69. Jeune Femme assise sur un canapé, devant un secrétaire. Très belle épreuve, *signée*.

HOPFER (Daniel)

70. Jésus, la Vierge et les Disciples (B. 18). Superbe épreuve.

HUNT (G.)

71. Stage-Coach, d'apr. E. Jones, 1827. Belle épreuve, *coloriée*.

KEENE (Charles)

72. Edwin Edwards lisant (H. B. 11) — Une Chambre à boiseries (17). Deux pièces. Belles épreuves sur japon.

LAIRESSE (Gérard de)

73. *Gerardi de Lairesse Leodiensis Pictoris...... ipse manu tam aeri incisum.... et per Nicolaus Visscher.... editum*, s. d. frontispice et 104 feuilles en 1 alb. in-fol. cart.

LEGROS (Alph.)

74. Dalou, 2e pl. (41). Belle épreuve sur japon.

LEU (Thomas de)

75. Passerat (Jean) (473). Très belle épreuve (sans marge).

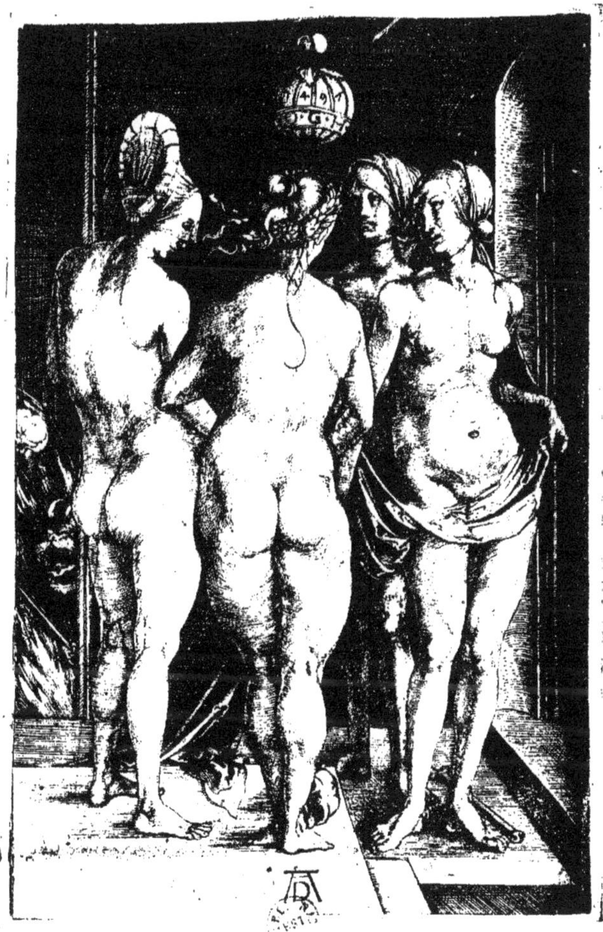

N° 45 du Catalogue.

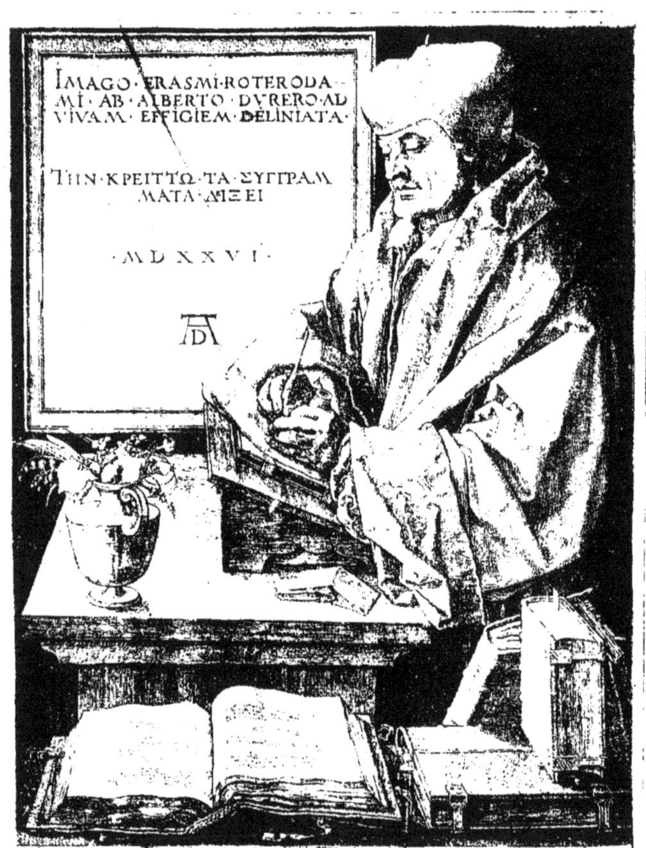

N° 49 du Catalogue.

LEYDE (Lucas Dametz, dit de)

75 *bis*. La Création d'Eve (B. 1). Belle épreuve (cassure).

76. La Femme de Putiphar accusant Joseph (21). Belle épreuve.

77. Esther et Assuerus (31). Très belle épreuve sur papier à la grande couronne.

78. Le Retour de l'Enfant prodigue (78). Belle épreuve (petites restaurations).

79. Marie Madeleine se livrant aux plaisirs du monde (122). Epreuve avec l'adresse de M. Petri.

79 *bis*. Lucrèce (134). Belle épreuve.

80. Pyrame et Thisbé (135). Belle épreuve.

MAITRE ANONYME ITALIEN DU XVe SIÈCLE

81. Virginius tuant sa Fille (D. 5). Très belle épreuve.

MASSON (Antoine)

82. Marin Cureau de la Chambre, d'apr. P. Mignard (24). Très belle épreuve.

MEYRON (Charles)

83. L'Entrée du faubourg St Marceau (L. D. 10). Superbe épreuve.

84. La Petite Pompe (32). Très belle épreuve.

MILLET (I. F.)

85. La Baratteuse (L. Delteil 10). Belle épreuve.

MODENA (Nic. de)

86. St Christophe (B. 270). Belle épreuve. Rare.

NANTEUIL (Robert)

87. Beaufort (F. de Vendôme, duc de), d'apr. Nocret (33). Superbe épreuve du 1er état.

88. Castelnau (Jacques, Mis de) (58). Belle épreuve.

89. Condé (Le Prince de) (79). Très belle épreuve.

90. Enghien (H. J. de Bourbon, Duc d'), d'apr. P. Mignard (90). Très belle épreuve.

91. Fouquet (Nicolas) (98). Très belle épreuve du 2e état (sur 6).

92. La même estampe. Très belle épreuve du 5e état (sur 6).

93. Gillier (Melchior de) (102) — Le Masle (Mich.) (126-1er état). Deux pièces.

94. Lamoignon (Guil. de) (120) Très belle épreuve.

95. Loménie de Brienne (H. A. de), 1660 (148) Très belle épreuve du 1er état.

96. Nesmond (F. de) (202). Très belle épreuve du 2e état (sur 4).

97. Péréfixe de Beaumont (H. de) (212). Très belle épreuve (sans marges).

98. Péréfixe de Beaumont (H. de) (213). Très belle épreuve (petite épidermure).

RAIMONDI (M. A.)

99. L'Homme qui se chausse (B. 472). Très belle épreuve de la coll. Esdaile.

REMBRANDT VAN RIJN

99 *bis*. Rembrandt aux trois moustaches (B. 2). Très belle épreuve.

99 *ter*. Rembrandt, une écharpe autour du cou (17). Très belle épreuve.

100. Rembrandt tenant un sabre (18). Très belle épreuve.

101. Rembrandt et sa Femme (19). Belle épreuve.

102. Rembrandt au bonnet orné d'une plume (20). Très belle épreuve, *avant* les retouches.

103. Adam et Eve (28). Très belle épreuve.

104. Abraham recevant les trois Anges (29). Très belle épreuve.

105. Agar renvoyée par Abraham (30). Très belle épreuve.

106. Abraham caressant Isaac (33). Très belle épreuve, *avant* le trait échappé.

107. Abraham avec son fils Isaac (34). Très belle épreuve.

108. Le Triomphe de Mardochée (40). Très belle épreuve, *avec* des barbes.

109. David en prières (41). Superbe épreuve du 1er état.

110. L'Ange disparaissant devant la famille de Tobie (43). Très belle épreuve du 1er état.

111. La Nativité (45). Belle épreuve.

112. La Circoncision (47). Superbe épreuve du 1er état.

113. La Présentation au Temple (49). Très belle épreuve du 2e état, *avant* les retouches dans le haut.

114. La Présentation au Temple, avec l'Ange (50). Très belle épreuve.

115. La même estampe. Superbe épreuve (légèrement rognée).

116. Fuite en Egypte, effet de nuit (53). Très belle épreuve.

117. Fuite en Egypte, passage de l'eau (55). Très belle épreuve.

118. La Vierge assise sur des nuages (61). Très belle épreuve.

119. La Vierge au linge (62). Très belle épreuve.

120. La Vierge au chat (63). Très belle épreuve.

121. Jésus au milieu des Docteurs (64). Belle épreuve.

122. Jésus prêchant ou la petite Tombe (66). Très belle épreuve (doublée).

123. Le Denier de César (68). Belle épreuve.

124. La grande Résurrection de Lazare (73). Très belle épreuve.

125. Jésus au Jardin des Oliviers (75). Très belle épreuve, *chargée de barbes.*

126. La Mise au Tombeau (86). Superbe épreuve.

127. Les petits Disciples d'Emmaüs (88). Très belle épreuve.

128. La Mort de la Vierge (99). Très belle épreuve du 3e état.

128 *bis.* La Jeunesse et la Mort (109). Très belle épreuve (petite cassure).

129. La petite Chasse aux lions (115). Très belle épreuve.

130. Les Musiciens ambulants (119). Très belle épreuve du 1er état.

131. Le petit Orfèvre (123). Très belle épreuve du 1er état.

132. La Synagogue (126). Belle épreuve.

133. Le Dessinateur (130). Très belle épreuve du 1er état.

134. La même estampe. Belle épreuve.

135. Paysan avec femme et enfant (131). Très belle épreuve.

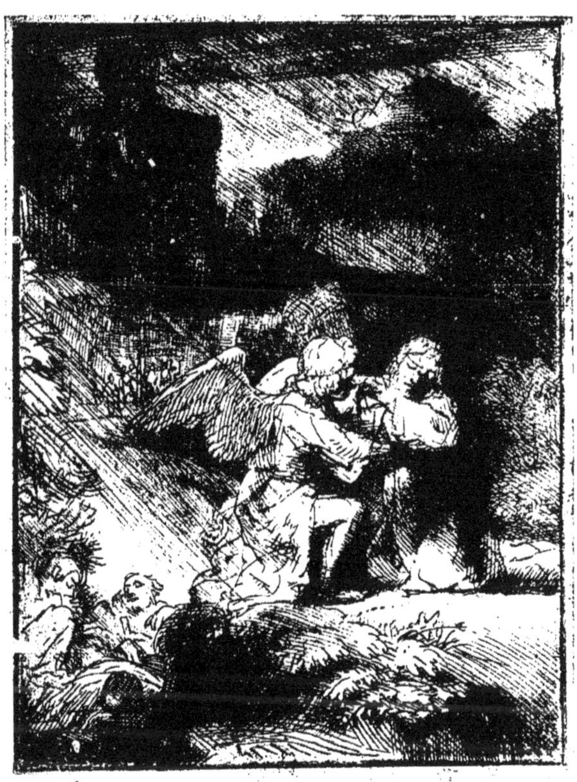

N° 125 du Catalogue.

136. Paysan, les mains derrière le dos (135). Très belle épreuve.

137. Le Joueur de cartes (136). Très belle épreuve du 2e état.

138. Homme méditant (148). Très belle épreuve.

139. Le Persan (152). Belle épreuve (rognée).

140. Gueux debout (162). Très belle épreuve.

141. Gueux debout (163). Très belle épreuve des coll. Drugulin et Galichon.

142. Vieille mendiante (170). Très belle épreuve de la coll. Artaria.

143. Paysan déguenillé, les mains derrière le dos (172). Très belle épreuve.

144. Gueux se chauffant les mains (173). Belle épreuve.

145. L'Espiègle (188). Très belle épreuve.

146. Le Vieillard endormi (189). Superbe épreuve de la coll. Buccleugh.

147. Figures académiques d'hommes (194). Très belle épreuve du 1er état.

148. La même estampe en même état et condition.

149. Les Baigneurs (195). Superbe épreuve du 1er état.

150. La même estampe. Très belle épreuve du 2e état.

151. Académie d'un homme assis à terre (196). Superbe épreuve de la coll. Artaria.

152. Vénus au bain (201). Superbe épreuve de la coll. Rechberger.

153. L'Abreuvoir (231). Belle épreuve de la coll. Debois.

154. Le Moulin, dit de Rembrandt (233). Superbe épreuve (petite restauration dans l'angle supérieur droit).

155. Vieillard portant la main à son bonnet (259). Très belle épreuve.

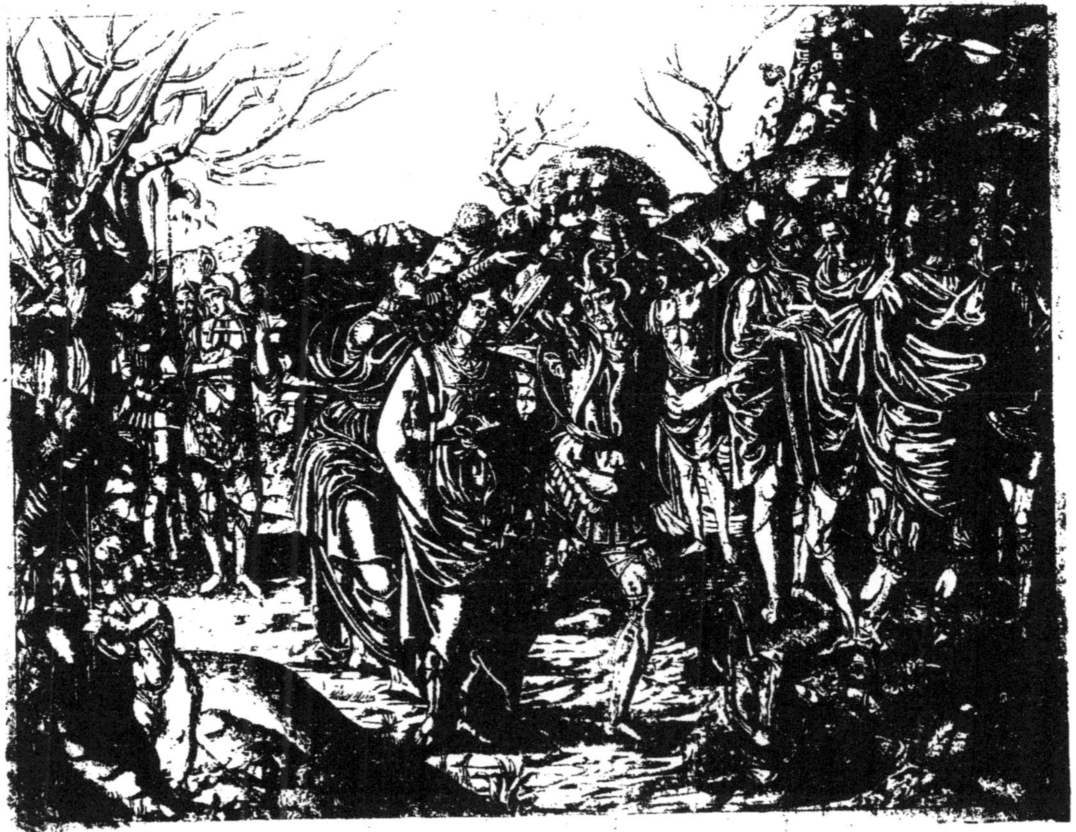

N° 81 du Catalogue.

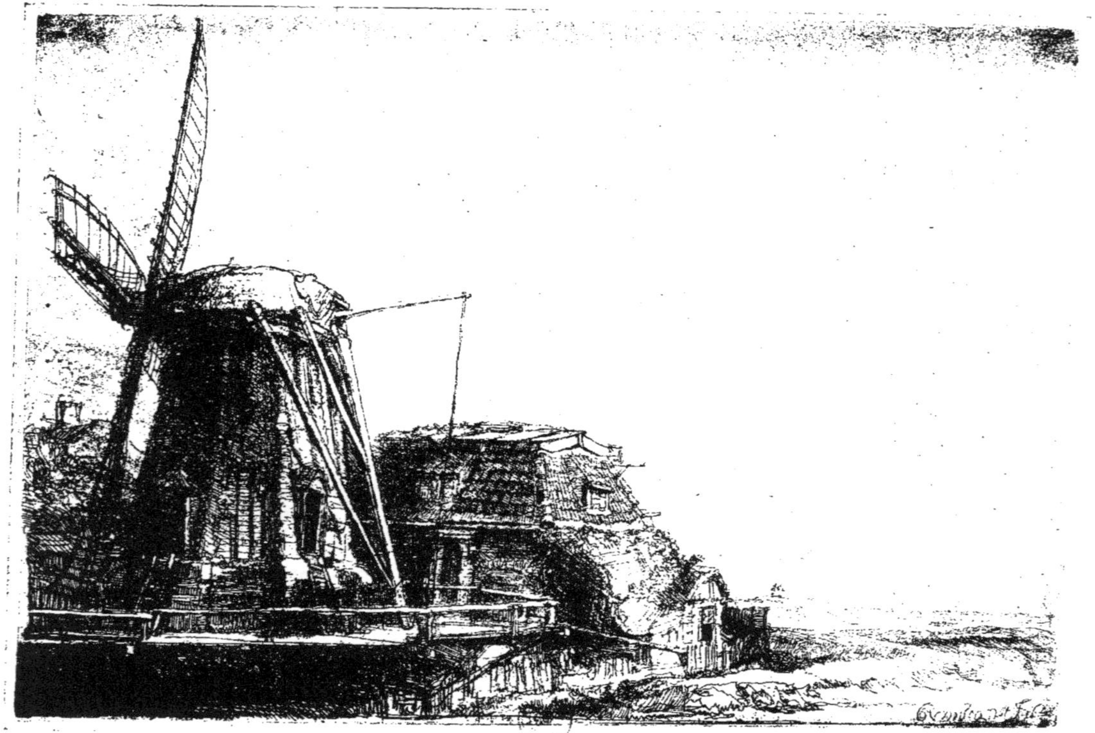

N° 154 du Catalogue.

156. Homme avec chaîne et croix (201). Superbe épreuve *avec* le bord supérieur blanc.

157. J. Antonides van den Linden (264). Très belle épreuve des coll. Aylesford, Smith, etc.

158. Jeune Homme assis et réfléchissant (268). Belle épreuve.

159. Menassé ben Israël (269). Très belle épreuve.

160. Abraham France (273). Très belle épreuve *avant* les dernières retouches.

161. Jan Lutma (276). Très belle épreuve, *avant* les contre-tailles sur le cintre.

162. Jan Sylvius prêchant (280). Superbe épreuve (manque la marge du bas). Rare.

163. Le grand Coppenol (283). Belle épreuve de la planche coupée.

164. Tête d'Homme chauve (292). Très belle épreuve.

165. Tête d'Homme, de face (304). Belle épreuve.

166. Vieillard à grande barbe (309). Superbe épreuve. Rare.

167. Vieille Femme assise (344). Belle épreuve.

168. Jeune Fille au panier (356). Très belle épreuve (rognée dans le haut).

169. Etude de six têtes de Femmes (365). Belle épreuve.

170. Rembrandt au bonnet orné d'une plume (20) — La Circoncision (47). Deux pièces. Bonnes épreuves.

171. La Samaritaine (en largeur) (70) — La petite Résurrection de Lazare (72). Deux pièces. Bonnes épreuves.

172. Descente de croix, effet de nuit (83) — Le Retour de l'Enfant prodigue (91). Deux pièces. Bonnes épreuves.

173. Les trois Figures orientales (118) — Le Jeu de Kolef (125). Deux pièces. Bonnes épreuves.

174. Les Musiciens ambulants (119) — Le Joueur de cartes (136). Deux pièces. Bonnes épreuves.

175. Femme à la calebasse (168) — Gueux estropié (179). Deux pièces. Belles épreuves (la 1re légèrement rognée).

176. Le Dessinateur d'après le modèle (192) — La Négresse couchée (205). Deux pièces. Bonnes épreuves.

177. Jan Silvius (266) — Faustus (270). Deux pièces. Bonnes épreuves.

178. La Samaritaine — Baptême de l'Eunuque de Candace — Martyre de St Jean-Baptiste — J. Asselyn Utenbogardus — Gueux et gueuses, etc. Dix-sept pièces. Quatre lots.

179. La Sainte Famille (ou la Famille du Menuisier), par L. Guyot. Belle épreuve, *imp. en couleurs*.

RIBERA (Joseph)

180. St Jérôme (B. 5). Superbe épreuve du 1er état, de la coll. Straeter.

ROBETTA

181. L'Adoration des Mages (B. 6). Belle épreuve.

ROULLET (J. L.)

182. Lully (J. B.), d'apr. Paul Mignard. Belle épreuve.

SAFTLEVEN (H.)

183. La Femme trayant la vache (B. 34). Très belle épreuve de la coll. de Liphart.

SCHUPPEN (P. Van)

184. Louis, Grand Dauphin de France, d'apr. F. de Troy. Superbe épreuve.

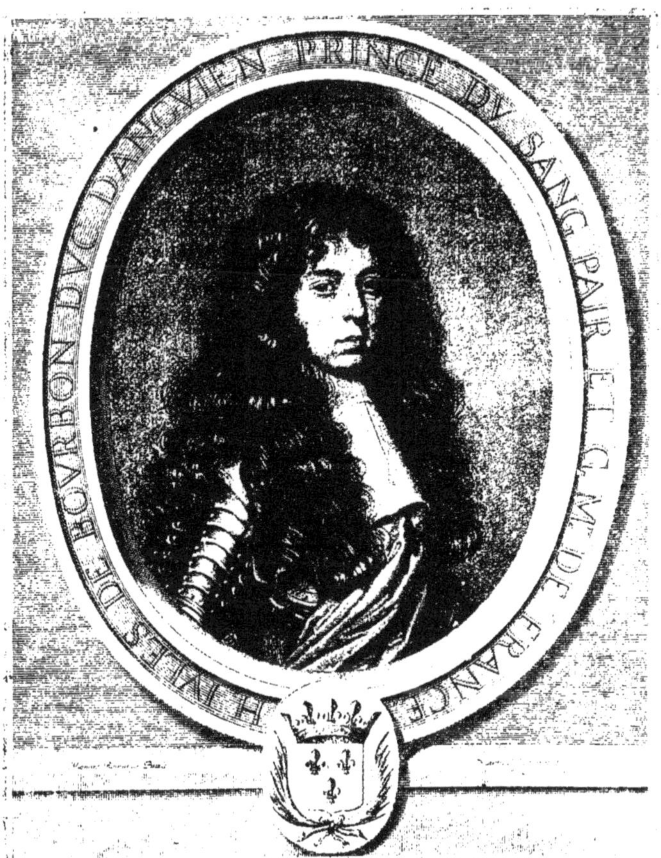

N° 90 du Catalogue.

SOMPEL (P. Van)

185. Ferdinand II, d'apr. P. Soutman. Très belle épreuve (petite tache).

SON (Nicolas de)

186. *Le Somptueux frontispice de l'Eglise Notre-Dame de Reims. 1625.* Très belle épreuve.

187. *L'Excelent frontispice de leglise de l'abaye de Sainct Nicaise de Reims*, 1625. Très belle épreuve.

SUYDERHOEF (Jonas)

188. Ferdinand III, d'apr. Soutman (26). Très belle épreuve du 1er état.

189. Goltzius (Henri) (30). Belle épreuve.

190. Maximilien Ier, d'ap. L. de Leyde (53). Très belle épreuve.

191. Ratification du traité de paix de Munster, d'apr. Terburg (103). Belle épreuve.

TISSOT (J.)

192. Le Vestiaire. Superbe épreuve, *signée*. Rare.

VISSCHER (Corneille)

193. Christine de Suède (W. S. 142). Très belle épreuve.

WATTEAU (d'après Ant.)

194. Les Agréments de l'Eté, par Joullain (100). Belle épreuve.

WHISTLER (J. M. N.)

195. Sketches on the Coast Survey Plate (Kennedy 1). Très belle épreuve sur japon.

196. *Sketch of Ships* (K. 151). Epreuve de la planche biffée — *The Punt* (85), épr. légèrement rognée. Deux pièces.

197. *The Barber's* (271). Très belle épreuve, *signée*. Rare.

198. Drury Lane rag's (Th. Way, 21). Très belle épreuve.

WIERIX (Jean)

199. Pilier (Jean) (A. 2013). Très belle épreuve.

WILLE (J. G.)

200. Belidor (Bernard), d'apr. L. Vigée (133). Très belle et rare épreuve d'un *état non décrit*, intermédiaire entre le 1er et le 2e.

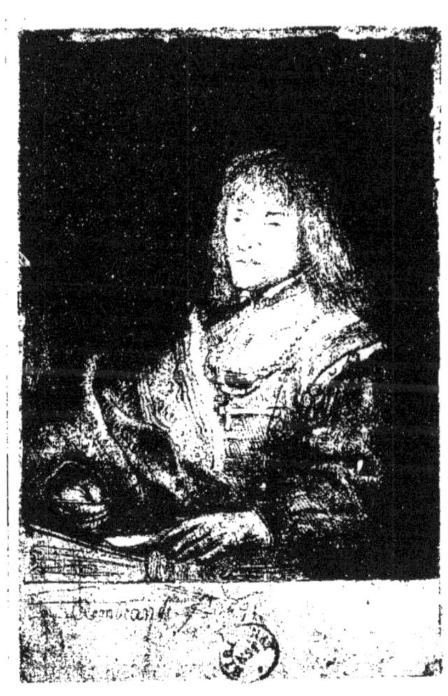

N° 156 du Catalogue.

FRAZIER-SOYE

GRAVEUR-IMPRIMEUR

153-155-157, Rue Montmartre

PARIS

www.ingramcontent.com/pod-product-compliance
Ingram Content Group UK Ltd.
Pitfield, Milton Keynes, MK11 3LW, UK
UKHW020520180726
13839UKWH00005B/2211

9 782329 502458